O PODER DA

MENTE

O conhecimento que pode mudar sua vida

Autor: Washington Verdan Neto

Prefácio

Apesar de todos terem um cérebro, a maioria acha que a mente e o cérebro são a mesma coisa. O cérebro é um órgão físico do nosso corpo e a mente é a essência mais importante que determina as tarefas das mais simples às mais complicadas. Traduzindo de uma forma mais popular e como se o cérebro fosse o hardware de um computador e a mente fosse o programa que faz esse hardware funcionar, se o

programa não funcionar direito o computador trava ou desliga. Assim é com nós, nossa mente controla nosso cérebro que por sua vez controla nosso corpo que acaba trazendo os resultados em nossas vidas. A única diferença é que o computador dá para consertar ou trocar, mas, nossa mente é bem mais complexa. Entender sobre sua mente é fundamental e vai com certeza mudar o seu destino.

A mente é a conexão com Deus

Agradecimentos

Não tem como não agradecer a Deus em primeiro lugar, pois sem ele eu não teria essa oportunidade de viver esse plano físico. Também é por sua misericórdia que hoje consigo buscar a harmonia mental e poder dizer que sou o capitão do meu destino.

Também não tem como não lembrar de todos os fracassos, sem eles não entenderia o poder que possuo.

Agradeço a mim mesmo por não ter desistido nos momentos mais difíceis, por mais difícil que foi minha jornada até aqui, com a fé em Deus pude suportar todos os obstáculos e hoje posso passar um pouco que adquirir com os meus conhecimentos através do meu ponto de vista.

Sumário

11.   O poder dos pensamentos negativos

12.   Usando a mente para dominar os outros

A mente é a conexão com Deus

O que é a mente

Para começar a entender o que é a mente devemos nos perguntar como estão os resultados da nossa vida. Você já parou e imaginou como as coisas estão acontecendo com você? Muitas vezes seguimos um ritmo que aprendemos com nossos pais, parentes próximos e amigos. Mas porque não tentamos fazer algo diferente, porque todos os dias seguimos um ciclo que se repete por toda nossa vida. A mente quando não tem um domínio voar igual uma pena no vento, sem rumo sem destino, vai para onde o vento levar. Neste exemplo o vento são as pessoas que você mais convive, se está pessoas têm resultados você terá mais chances de ter resultados se não você estará perdido. A mente é o programa que Deus colocou na máquina que somos . Sem o controle deste programa qualquer hacker pode invadir o sistema e dominar a nossa vida e nos tornados em simples marionetes. A mente é com um armazenamento na nuvem que você manda os arquivos para ela, se você não enviar os seus dados, sua mente vai captar as informações do seu redor. O seu ciclo de convivência se tornará uma mediana dos seus resultados. Ou você comando sua mente tomando as decisões que quer para sua vida, ou sem perceber vai estar tomando decisões baseadas em pessoas do seu convívio. Normalmente tornamos a média das cinco pessoas que mais convivemos e os resultados também vêm dessa soma .

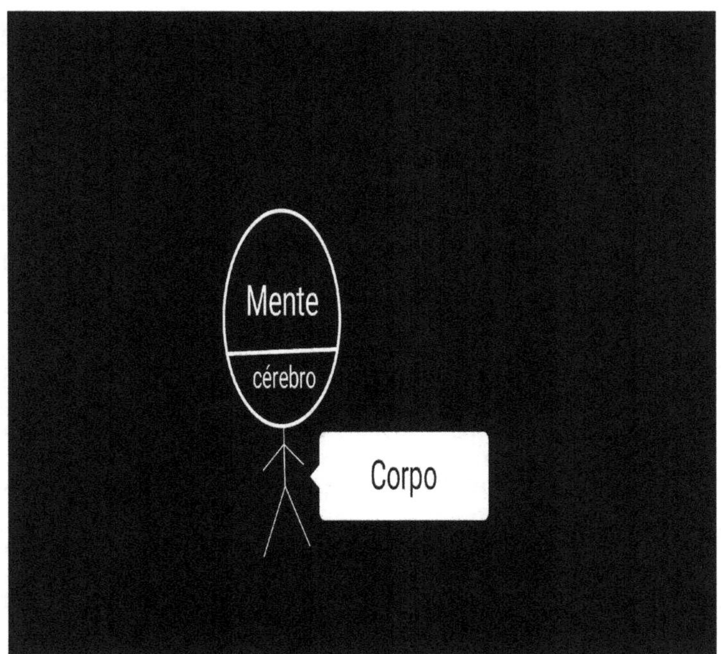

Não é difícil você ver muitos reclamando dos resultados que conseguem, em uma família na maior parte das vezes os filhos seguem a mesma trilha de seus pais: tipo de serviço, modo de vestir, lugares que frequenta, isso é apenas um exemplo de como a mente pode ser dominada. A repetição que você recebe desde que nasceu toma o espaço na sua mente, isso pode ser bom ou não, vai depender dos seus resultados e do que você quer. Quando vamos crescendo carregamos todas essas informações na nossa mente, medo, coragem, disciplina, falta de disciplina, cada atitude está alocada em um espaço da nossa mente. Mas não é sempre assim, nem todos absorvem as informações que recebem dos pais, muitos têm déficit de atenção, muitos nascem com uma programação mais difícil de acessar, esses normalmente têm resultados diferentes ao longo da vida. Esses resultados podem ser melhor ou pior, vai depender de como a pessoa insere as informações captadas por perto. Resumindo a mente nada mais é do que uma central de comandos, onde voluntariamente ou involuntariamente você coloca os dados que irá determinar seus resultados e consequentemente o rumo da sua vida.

O que é o cérebro

Talvez você esteja achando ridículo está lendo sobre o que é o cérebro e não faz sentido nenhum ler sobre isso, isso seja talvez porque você consegue usar a mente para entender qual é a função do cérebro. Na minha humilde visão o cérebro é o órgão mais importante do nosso corpo, todos são importantes, talvez alguns dirá que o coração é o mais importante mas pelo meu pouco conhecimento o ser humano consegue viver com um coração artificial e ainda não vi nenhum com um cérebro artificial. Nada é impossível para a ciência, tudo está disponível no universo e como há coração artificial também pode existir o cérebro artificial, já existem alguns aparelhos implantados no cérebro humano que realizam diversas funções motora, mas um aparelho 100% artificial ainda não vi. O cérebro nada mais é que o melhor "computador" que já existiu na terra, muitos podem duvidar, mas nenhuma máquina que existe hoje ou virá a existir foi fabricada do nada, tudo exatamente tudo que não é natural , ou seja, que não existe na natureza foi criada pelo homem. Desde a pré história o homem vem desenvolvendo seu cérebro através de sua mente consciente, são milhões de anos de evolução mental para chegar nos dias atuais. O cérebro é a parte central do nosso corpo, todos nossos órgãos funcionam através de ligações direta ou indireta com o cérebro. Às vezes fazemos coisas sem pensar, movimentos involuntários e muito mais o responsável é o cérebro que através de impulso elétrico por nervos espalhados em todo nosso corpo faz chegar às informações necessárias para o funcionamento.

O cérebro não é autônomo e por mais que achamos que ele vai resolver tudo não é bem assim. O cérebro só transmite as informações inseridas nele, desde que nascemos já nos primeiros segundos de vida o cérebro começa a receber as mais diversas informações. Do nascimento até aos 6 anos as informações inseridas no cérebro ficam pra sempre, nessa idade o órgão só recebe informações e não é capaz de formar opiniões sobre nada, ele apenas recebe todas as informações sem nenhum filtro, a partir dessa idade conseguimos distinguir e formar opiniões, mesmo que não seja em tudo. Se você pegar um pedaço de papel, seja ele de qual tamanho for, você não consegue fazer sete dobras nele, assim é o cérebro também, até ao sexto ano de idade é possível "dobrar" ele, mas a partir desse ponto fica bem mais difícil o controle do cérebro de um ser humano. Aos 7 anos a criança vai receber informações e compará-la com as que estão em seu cérebro e daí aceitar como verdade ou não. Só comparar o formações não é o bastante, se cada indivíduo só ficar recebendo e não buscar suas próprias verdades nos tornamos marionetes do sistema.

Como a mente influencia nossa vida

Já entendemos que a mente não faz parte do nosso corpo físico, mas apesar de não podermos vê-la ela é o que faz tudo ter sentido. A mente é a receptora de todas as informações que precisamos, ela é a central onde os nossos resultados começam. Como já vimos, desde que nascemos sem nenhuma informação e até aos 6 anos só recebemos dados que nossos pais, irmãos e parentes próximos nos dão, temos a tendência de seguir essa ordem cronológica. Nossa mente está programada de acordo com a mente de nossos pais, e a tendência é de que nossos resultados também sejam parecidos com os resultados deles. Nem sempre é assim, e nem todos seguem esse programa. Qualquer resultado que teremos no resto da nossa vida vai depender do que está plantado na nossa mente. Existe a mente consciente e a mente inconsciente, e cada uma traz diversos resultados para os indivíduos que as possuem. A mente consciente é aquela que determina o que vai ser melhor pra você. A mente consciente você pode eliminar tudo que pode atrasar seus resultados, fazendo assim você o capitão do seu destino. Não é difícil de vê em uma mesma família irmão que nasceram dos mesmos pais, na mesma casa e sobre as mesmas influência mas com resultados tão diferentes. Ter pleno conhecimento do que se passa e saber o que quer é um trampolim para o sucesso.

A mente inconsciente é dominadora de vidas, ela age como um parasita sobre a pessoa que é influenciada. A pessoa que não sabe nem mesmo o que significa mente, a maioria acha que a mente é o cérebro, e como já vimos o cérebro é a parte física que comanda o que a mente quer. Por mais inteligente que a pessoa seja se ela não tem o controle da mente ela pode ser influenciada. O problema da mente inconsciente é que dependendo do ambiente que o indivíduo vive ele será afetado por ele, e em um círculo vicioso e contagioso que vai pegando todos ao redor. Para quebrar esse caminho o único jeito é ter uma mente consciente e buscar seus próprios resultados sem ser afetado pelas opiniões das pessoas próximas. Muitas vezes são chamados de antipáticos, que não tem amigos…etc."Ser chamado de diferente no meio de ignorantes é simplesmente um elogio", o ser que tem preguiça de buscar sua essência vai viver sempre à margem do propósito que Deus te deu, e acredite que ter o controle de sua vida é a melhor coisa que já existiu. Tenho a certeza que existem muito mais "escravos" hoje em dia do que há 300 anos atrás. Não estou falando de trabalho escravo, estou dizendo que a maioria vive escravo da opinião dos outros, e essas pessoas têm uma vida limitada por medo de não está agradando um certo tipo de classe social. Liberte se! Controle sua mente e viva o melhor que Deus preparou para você!

Porque não conseguimos distinguir mente de cérebro

Como já vimos sobre a mente e o cérebro, não se trata da mesma coisa. Podemos dizer que o cérebro é o órgão receptor responsável por transmitir o que há na mente, sem essas informações o cérebro não teria nenhuma função. A mente não é física, não pode ser tocada só pode ser sentida. As pessoas que conseguem acessar a mente terão a capacidade de comandá-la. Se o cérebro é a "antena" receptora da mente, podemos acessar a mente através do cérebro, mas não se engane, para sentir a mente temos que nos desligar da realidade.A realidade traz ruídos que não deixam a conexão com a mente existir, através da meditação verdadeira acessamos nossa mente. O problema é que muitos, isso quer dizer a maioria não entendem o que é a mente e qual sua função é porque não buscam essa realidade que pode mudar seus destinos. Quando você aceita viver pelo governo de outras pessoas você está sendo dominado igual um escravo. Não é difícil de ver pessoas desesperadas com boatos ou com notícias de TV, essas pessoas não conseguem buscar a verdade, não usam a mente para ver o que realmente está acontecendo. Uma pessoa que não tem governo da sua mente vai ser sempre enganada com golpes que prometem milagres, que muitas vezes acontecem repetidas vezes com a mesma pessoa, então, buscar o controle mental é fundamental para que nossos caminhos sejam como queremos.

O conceito errado de que nossa mente está no cérebro que possuímos, leva muitos a acreditar que tomando algum tipo de remédio vai melhorar nossa mente. Essa crença faz com que o indivíduo passe uma vida inteira buscando solução para um problema e nem sabe que o remédio está nele mesmo. Busca conhecimento através da internet, livros ou um profissional da saúde mental pode ajudar a ter uma vida mais equilibrada e com propósito. A maioria das doenças são causadas por desequilíbrio psíquico que pode ter sido passada de geração a geração, uma simples mudança do modo de pensar pode trazer resultados incríveis.   A partir do momento que você consegue entender sua própria mente, poderá programá-la de acordo com seus anseios fazendo assim atingir as maiorias de suas metas. Se sua vida não está exatamente como você gostaria que estivesse, a causa mais provável seja que você ainda não tem o controle total sobre sua mente, buscando incessantemente uma mente sã todos os outros aspectos de sua vida vai melhorar. Quando você estiver diante de uma situação que pode fazer uma mudança na sua vida é você mandar um comando para sua mente poderá ver o poder que carrega consigo.

Porque pensamos que o cérebro está no comando

Quando uma mentira é repetida mais de mil vezes acaba se tornando verdade!. Você também já deve ter escutado essa frase em algum momento da sua vida. Sempre que escutamos alguém chamar outra pessoa de inteligente na mesma hora associamos nosso órgão de maior importância que é o cérebro; mas o cérebro não comando o nosso corpo e nem nossa vida ele simplesmente segue comandos que estão inseridos em nossa mente. Sei bem como é esse processo de descobrimento da mente, desde criança sempre achei que teria que desenvolver o cérebro para as coisas funcionarem na minha vida. Essa ilusão pode atrasar o progresso em muitos anos, isto porque não há nas escolas um curso de desenvolvimento mental, sempre que vamos para aprender nas escolas públicas temos a noção errada que o que vamos aprender lá irá resolver todos nossos problemas financeiros e sentimentais. As crenças ancestrais trazem consigo muitas coisas boas, mas também algumas que não servem para o nosso desenvolvimento. Estamos em constante evolução desde o início da vida aqui na terra, cada época trouxe um avanço na humanidade que são importantes até hoje. Muitas dessas descobertas vieram da mente de alguém que se propôs a usá-la, esse indivíduo olhou ao seu redor e pensou diferente, ele nada mais fez do que eu imaginar o que poderia fazer para mudar uma situação específica naquele momento. Esse pensamento saiu do cérebro e foi na mente que é a central de sonhos "impossíveis". A mente é o poder que Deus nos deu quando ele nos criou, através dela você tem acesso a todo poder de Deus, a partir desse momento tudo fica bem claro, não existe problemas sem solução. A sua mente é ilimitada, ela é exatamente do tamanho que você decide que ela vai ser. Como ela está lá a sua disposição tudo mas tudo que você pensar vai se enraizando na sua mente. Você pode usar um filtro para escolher o que vai estar na sua mente, esse filtro você pode escolher a cada segundo da sua existência sabendo o que é bom ou ruim para você.

Essas informações depois de colocadas na mente vão te ajudar a resolver todos os tipos de problemas e situações que para quem não tem o controle mental vai acabar sendo derrotado. Não adianta ficar querendo forçar seu cérebro para resolver problemas, ele somente vai responder aos comandos da mente, nesse ponto muitas pessoas se sentem perdidas sem rumo por que tentam tentam mas as coisas não funcionam. Coloque seu cérebro para trabalhar a favor de sua mente, sempre que puder faça afirmações do que você gostaria, não importa o que seja, ou qual intenção for, o que você declarar repetidas vezes por um certo período de tempo essa informação vai parar na sua mente. O que você deseja pode ser diversas coisas, depende muito do seu círculo social, mas se você quer mudar seu destino você pode, simplesmente mudando seu jeito de pensar. Seu pensamento usa os neurônios do cérebro através de impulsos elétricos, e esses comandos conseguem acessar a mente tanto para inserir informações que você quer depositar nesse maravilhoso banco de dados, mas também para extrair informações que você deseja no dia a dia. Quanto mais você acessar sua mente mais ela vai se desenvolver, e se os dados ali contidos for para o bem isso irá se refletir na sua vida pessoal e de que está próximo de você, mas cuidado, a mente não faz escolhas entre o bem eo mal, e se você sempre escolher o mal ele se tornará rotina na sua vida.

Truques da mente

A mente pode ser uma aliada para quem a domina, seu poder é infinito. Quando Deus nos fez, ele nos conectou a ele através da mente. Por diversos motivos nossa mente pode falhar se não estivermos conectada a ela, e sem controle a mente pode pode mandar diversos comandos que às vezes não estamos preparados para aquela situação. Entre diversos truques a mente pode está tentando te avisar que você pode usar lá para resolver seus problemas, por muitas vezes você não está pensando em nada e de repente vem informações que você nem estava pensando. O poder da mente não é totalmente conhecido mas pode ter certeza de que é ilimitado. Dentre alguns truques, um bem conhecido por todos é o sonho, quando dormimos não estamos usando o cérebro por vontade própria, mas a mente tem o poder sobre o cérebro. É nos sonhos que o impossível acontece, às vezes podemos voar, pular de penhasco, ser piloto de avião...etc, essas informações nem sempre estão inseridas na nossa mente, mas durante sonhos pode acontecer tudo isso. Às vezes são apenas informações soltas de pessoas que falam perto de nós durante os dias ou semanas e até anos atrás, no momento muitas vezes nem estamos prestando atenção naquele assunto, mas a mente através do cérebro captura esse dados e os armazena, e durante o sonhos a mente nos manda essas informações que às vezes nos lembramos quando acordamos ou talvez não lembramos de nada, mas sabemos que sonhamos com alguma coisa. Muitas vezes esses truques podem nada mais do que um simples excesso de dados inúteis na mente que ela te envia para você decidir o que vai fazer com aquela informação. Outras vezes a mente te envia essas informações durante o dia quando você está acordado, quem nunca se deparou com uma idéia vindo assim do nada. Muitos gênios como Albert Einstein receberam uma visão durante o dia e quando estavam acordados. Mas a pergunta que logo se vem é como alguns recebem ideias geniais e a maioria não recebe, simples porque a maioria dos que são considerados gênios insistiram em ativar a mente. Thomas Edison fez mais de mil tentativas antes de conseguir fazer a lâmpada, ele simplesmente recebia uma visão da mente e acreditava naquilo como verdade absoluta e insistia em fazer aquilo acontecer, a maior parte das pessoas recebem idéias geniais mas como não tem nenhuma intimidade com a mente simplesmente não acredita que aquilo pode acontecer verdadeiramente perdendo a chance de mudar totalmente seu destino. A mente tem seus meios de nos comunicar através de visões que algo fenomenal pode ser realizado, mas 98% usa o cérebro a parte racional para decidir as coisas, com isso uma vida que pode ser infinitamente maravilhosa se torna mais uma história em meio a tantas que seguem o mesmo caminho.

Confusão mental

De acordo com o dicionário da língua portuguesa, confusão mental é falta de entendimento; discórdia, briga. A mente quando descontrolada causa os efeitos colaterais no corpo de quem a pertence. Alguns que tem confusão mental pode ser considerado doente, doido, maluco e outras diversas palavras usadas para descrever o que a mente pode fazer na vida da pessoa, seja por uso excessivo de drogas que ataca o sistema nervoso central ou por álcool que consomem durante anos e após anos, ao desestabilizar o acesso que a mente usa para nós comandar as informações não chega como deveria, com o caminho danificado o resultado pode ser desastroso. Mas não é somente drogas e álcool que podem danificar o sistema nervoso que possuímos. Quando não desenvolvemos nossos neurônios ele fica estático rígido e com o tempo também pode perder as suas funções, entre elas a ponte com a nossa mente. Não é difícil encontrar pessoas que não fazem uso de entorpecentes com problemas relacionados à mente, pessoas que por muitos anos acreditaram que estavam fazendo o contrário que usuário de drogas fazia e que estaria fazendo o certo, mas na verdade existe uma medida certa, a medida de Deus, quanto mais longe estamos dessa medida mais pior ficam as coisas. A depressão é uma doença atual que atinge muitas pessoas, mas como a maioria das doenças ela é mental, nessa fase a pessoa perde o controle dos sentimentos. A falta de domínio mental pode levar a situações complicadas, discórdia, brigas e confronto desnecessário pode ser enviada pelo simples fato de controle sobre si mesmo, quem nunca ouviu falar a frase de quando um não quer dois não briga. Os confrontos desnecessários no dia a dia causados por uma fechada no trânsito, ou uma palavra falada sem intenção de magoar alguém, pode ser inutilizada com um simples comando que a mente vai mandar para o corpo. Mas para qualquer coisa que você envie para a mente ela tem que está plantada lá, pois senão a mente não vai receber como verdade e o comando não será enviado ao cérebro. É muito importante diariamente treinar o cérebro enviando comandos para a mente para que fixe nela o que você quer e o que é bom para você, quando surgir uma situação que pode não somar ao que você deseja na sua vida, logo a mente saberá o que fazer e não precisa você ficar preocupado porque a solução será automática te livrando do que pode ser prejudicial para seus planos. Ter a clareza do que realmente se quer é fundamental para ter um caminho pavimentado de acordo com o seu planejamento de vida, jamais perca o domínio da sua mente, porque só tem duas opções: ou você domina a mente ou a mente te domina.

O seu destino depende da sua mente

Muitas pessoas tem um jeito peculiar de dizer sobre os seus destinos, essas pessoas se imaginam como se a vida fosse igual a um barco a vela no meio do oceano. Ter a mentalidade reduzida provoca esses tipos de pensamentos e torna a pessoa um passageiro de uma vida sem controle, não conquistando sonhos e nem realizando desejos próprios. A vida pode ter um novo sentido quando temos o domínio das nossas vontades, por mais difícil que seja, não existem sonhos impossíveis de se realizarem. Falo por mim, jamais pensei que algum dia estaria escrevendo e publicando um livro, eu tenho apenas o ensino médio, sou de família com poucos recursos financeiro, não tenho um simples computador para escrever, e apenas usando a mente um celular com pouco armazenamento e nas horas que me sobra consigo dedicar tempo para escrever. Talvez você possa dizer, que não é um best seller que não sou conhecido, para quem sabe o que quer a opinião dos outros só serve de escada. A mesma condição que tenho para escrever e publicar um livro milhões também tem, a diferença é como cada um usa a mente. Todos não precisam fazer a mesma coisa, não é uma lei que todos precisam escrever um livro, mas quem não busca um propósito fica sempre fadado ao fracasso esperando o destino resolver seus problemas.

Como pode em uma mesma cidade um comerciante vender muito e outro na mesma rua não conseguir o mesmo resultado? Essa resposta vem de como cada um usa sua mente, para atrair clientes tem várias opções que pode ser adotada, mas nem todos sabem usar. Percepção de mercado não se nasce com esse dom, pode ser adquirido de pai para filho, mas também pode ser aprendido usando o poder da mente. Ao observar os clientes o comerciante ou qualquer outro vendedor pode fazer as mudanças necessárias para atrair mais pessoas para seu estabelecimento, criando um funil onde poderá filtrar o que as pessoas mais procuram. Dependendo da região onde está localizado o comerciante pode se ter uma ideia de que os clientes mais procuram, mas que pode ser preço x qualidade ou qualidade x preço. Para quem não entendeu vamos usar a mente, em uma região mais simples com menos recurso financeiro ou não haja uma grande oferta de emprego, normalmente as pessoas procuram primeiro pelo preço e depois pela qualidade, e em outra região onde a economia é mais desenvolvida a procura sempre vai ser primeiro pela qualidade. Isso não quer dizer que as pessoas com menos poder aquisitivo não querem qualidade, mas que primeiro elas têm que fazer seus gastos caber nos seus orçamentos. Saber entender esse cenário macro econômico faz com que um comerciante se saia melhor do que o outro, sabendo usar o poder mental é fundamental para o sucesso.

A mente está conectada com o sobrenatural

Acreditar em algo que não se pode ver é muito complicado para muitas pessoas, é difícil ter uma fé inabalável e crer no que ainda não existe. A mente é o contato mais próximo com o sobrenatural, ela é o ponto onde as coisas reais se encontram com o que é divino, na mente Deus pode nos tocar, e essa mesma mente envia o sinal para o cérebro que por fim manda para o coração. Quando você não dá atenção para seu estado mental, fica negligenciando o poder da mente, você acaba se afastando de Deus, e cada vez mais longe mais difícil acreditar em milagres é que o impossível é e sobrenatural possa acontecer com você. Somos feitos à imagem e semelhança de Deus, se nos assemelhamos a ele também possuímos poderes que não compreendemos até hoje. Quando sua mente está limpa ela pode receber as melhores informações tanto do natural quanto do sobrenatural, por isso é muito importante cuidar bem da sua mente, porque ela te devolverá o que você cultivou nela. Só damos importância para esses assuntos quando tudo já está bem complicado, mas sempre tem jeito de arrumar sua mente só que em alguns casos vai ser mais trabalhoso. Já sabemos que sua mente não pode ser tocada e nem pode ser vista, e também sabemos que é através dela que tudo em nós funciona. A mente é a essência da alma, uma alma perturbada não vai ser uma coisa boa para o corpo. Você pode mudar tudo em sua vida apenas cultivando bons hábitos e plantando em sua mente coisas que só te farão bem, e terás a verdadeira paz de espírito que é a maior riqueza que um ser humano pode ter.

Começa a acreditar no que ainda não aconteceu, plante a semente da fé em sua mente e com o tempo o sobrenatural vai acontecer na sua vida.

O poder dos pensamentos positivos

Existem dois tipos de pensamentos: pensamentos positivos ou pensamentos negativos. O pensamento positivo tem uma energia que faz com que o mundo se torne mais atraente, pensar de modo que as coisas difíceis se tornem mais bom de ser resolvido. Todos os dias nos deparamos com desafios que exigem uma compreensão clara do que é o melhor naquele momento, quando você insere em sua mente pensamentos saudáveis e de acordo com a vontade de Deus os desafios que vão surgindo as respostas são imediatas e claras. Acreditar no que se deseja é um modo de pensar positivo, e tornando pensamentos em hábitos construímos um alicerce rígido que servirá para construir metas e algum dia viver o que só está na mente. Uma pessoa que não se preocupar com o que pensa está podendo atrair vários tipos de ruídos externos que pode não ser legal, como só há dois tipos de pensar, quando alimentamos nossa mente com pensamentos negativos acaba não sobrando espaço para o realmente soma em nossa vida, por isso é essencial escolher o que pensar. Decidir sobre o que quer nem sempre é fácil, as vezes é preciso se afastar de pessoas que não quer trilhar um caminho parecido com o seu, o seu destino depende das suas escolhas, então não perca tempo, escolha pensar positivo que as coisas vai começar a mudar na sua vida e o que antes era só sonho vai se materializar na sua vida.

O ser humano que perdeu o controle da sua mente e não consegue mais pensar no melhor da vida, pode entrar em um estado de depressão e sem apoio e força de vontade pode ficar muito doente. Depois que estiver em um estado depressivo só falar coisas positivas não vai melhorar, não é palavras positivas que muda o ser mas o pensamento positivo, porque ele é inserido profundamente na mente e sempre que precisar vai está lá para te ajudar.

O poder dos pensamentos negativos

Os pensamentos negativos que estão na mente trava a vida da pessoa e livre arbítrio e se não tratado corretamente pode levar a consequências graves. Pensamentos acumulados podem mudar o rumo da vida, muitas pessoas não pensam nessa situação até está completamente dominada por esse mal. Muitas vezes se vê perfis de rede social como se aquela pessoa estivesse vivendo uma vida maravilhosa, mas na realidade no dia dia quando se desliga o celular ou notebook a ficha cai, sentimento que vem logo a seguir é que estamos vivendo algo que não existe e que somos uma fraude. Escolhas a cada segundo de sua existência tem duas opções e você tem que decidir o que vai fazer e se você não fizer suas escolhas pode ter certeza que alguém fará para você, e ninguém te conhece igual a deus e você mesmo para saber o que é o melhor naquele momento para você. Não deixe essas decisões com quem não te conhece intimamente, Deus te conhece e através da sua mente vai te dizer o que é o melhor, mas as escolhas é você que terá que decidir. Entre o bem e o mau, pensamentos positivos e pensamentos negativos suas decisões são como uma semente plantada na terra, mais tarde vai germinar e irá nascer o primeiro broto, se você não tomar uma atitude irá colher ervas daninhas. Mas se. Você vem a cada dias fazendo o que Deus te fala através de sua mente pode ficar tranquilo, suas escolhas germinaram e você irá colher flores , frutos e sombra. Não deixe o seu futuro na escuridão escolher sempre pensar positivamente que por tabela os pensamentos negativos nem vai chegar perto de você.

Usando a mente para dominar os outros

Nada mais atual do que os famosos golpes, os falsos sequestros são os mais comuns, mas como tanta gente ainda cai nesse tipo de ilusão da mente?. Há vários tipos de domínio, mas o controle mental usado contras outras pessoas pode traumas que jamais irá acabar, para quem vive preso e tem acesso a um celular e tem muito tempo para aplicar esse golpe não importa se a maioria não vai cair, mas ele sabe que sempre vai ter alguém desconectado com a mente e que no momento de desespero vai aceitar pagar altas quantias porque está com medo de que aquilo seja mesmo real. Se informar, e inserir essa situação na mente pode ajudar a se livrar deste tipo de crime. Mas não é só bandidos que sabe usar a mente para controlar a mente de outras pessoas, os vendedores tem que saber fazer a leitura do que o cliente deseja e com essas informações ele pode oferecer o melhor produto, quem nunca entrou em uma loja para comprar algum item e saiu com outros totalmente diferente, muitas vezes acabamos comprando algo de que nem estamos precisando, mas o bom vendedor insere nas sua mente que aquele objeto é essencial para você. Se dominado nunca é bom, ser enganado é muito pior, por isso busque sempre ter o seu próprio controle mental e quando essas situações aparecerem você vai saber como sair dela da melhor maneira.

Meu nome é Washington Verdan Neto e este é o segundo livro que escrevo, se gostou do conteúdo e somou alguma coisa na sua vida não deixe de ler também meu ebook "TERCEIRA VISÃO: Como ir além do visível " disponível na Amazon.com.

Desde já agradeço!
E lembre-se de cuidar de sua mente, ele é o seu contato direto com Deus!

Lightning Source UK Ltd.
Milton Keynes UK
UKHW021546310123
416242UK00016B/1201